NOTICES BIOGRAPHIQUES

SUR LE GÉNÉRAL

C^{TE} D'HOUDETOT

(CHARLES-ILE-DE-FRANCE)

PARIS. — TYP. WITTERSHEIM.

NOTICES BIOGRAPHIQUES

SUR LE GÉNÉRAL

C^{TE} D'HOUDETOT

(CHARLES-ILE-DE-FRANCE)

GÉNÉRAL DE DIVISION

ANCIEN AIDE DE CAMP DU ROI LOUIS-PHILIPPE
GRAND-OFFICIER DE LA LÉGION D'HONNEUR
CHEVALIER DE SAINT-LOUIS
GRAND-CROIX DE CHARLES III D'ESPAGNE
GRAND-OFFICIER DE LÉOPOLD DE BELGIQUE

NÉ A L'ILE-DE-FRANCE
le 6 Juillet 1789

MORT AU CHATEAU DE CARLEPONT
le 5 Octobre 1866

EXTRAITS

du Journal *Le Moniteur de l'Armée* (9 Novembre 1866)
et du *Journal des Débats* (27 Octobre 1866)

PARIS
IMPRIMERIE DE J. CARTAULT, RUE D'ALGER, 3

1866

EXTRAIT

DU MONITEUR DE L'ARMÉE

(9 Novembre 1866).

La famille d'Houdetot, l'une des plus anciennes de la Normandie, a donné successivement à l'armée, en ligne directe, quatre lieutenants généraux. M. le général comte d'Houdetot, qui vient de mourir, était, en effet, fils de César-Louis-Marie-François-Ange comte d'Houdetot, lieutenant général en 1815, mort en 1825; petit-fils de Claude-Constant-César, comte d'Houdetot, lieutenant général en 1780, mort en 1806, et arrière petit-fils de Charles, marquis d'Houdetot, lieutenant général en 1738, mort en 1748.

Charles-Ile-de-France d'Houdetot, grand-officier de la Légion d'honneur, chevalier de Saint-Louis, grand-croix de Charles III d'Espagne et grand-officier de Léopold de Belgique, décédé à Carlepont (Oise), le 5 octobre 1866, était né le 6 juillet 1789, aux Pamplemousses, et avait été tenu sur les fonds baptismaux, au nom de l'Ile-de-France, le 28 mai 1790, dans la cathédrale de Port-Louis, par le président de l'Assemblée générale de cette colonie.

France d'Houdetot commença à servir dans la marine, comme novice, dès l'âge de quatorze ans (20 août 1803). Il assista à plusieurs combats livrés par la flottille de Boulogne, et se distingua particulièrement un jour que, les embarcations ayant été poussées à la côte par la tempête, il se jeta à la mer et parvint à secourir trois matelots en danger de périr.

Aspirant de 2e classe le 13 juillet 1804, il était à bord de l'*Algésiras* au combat naval de Trafalgar, et fut grièvement blessé d'un coup de mitraille aux deux cuisses, en se portant au secours du contre-amiral Magon, près duquel il resta, néanmoins, jusqu'à la fin de l'action.

Il devint aspirant de 1re classe le 20 oc'obre 1808,

passa dans l'armée de terre, le 24 mars 1809, comme lieutenant au 13° de ligne, fut incorporé avec le même grade dans le 1er régiment de chasseurs à cheval le 10 mai suivant, et fit la campagne de 1809 en Autriche, puis celles de 1810 et 1811 en Allemagne.

Capitaine adjoint à l'état-major général du 1er corps de la Grande-Armée, le 27 avril 1812, sous Davoust, il se fit remarquer aux combats de Mohilew, de Krasnoë, de Mojaïsk, ainsi qu'à la bataille de la Moskowa, donna, durant toute la campagne de Russie, des preuves d'une grande bravoure et d'un zèle infatigable, et mérita d'être proposé pour la décoration de la Légion d'honneur.

Au moment de son départ pour rejoindre le 5e corps, à Magdebourg, le 19 mars 1813, M. le général duc de Fezensac demanda pour aide de camp le capitaine France d'Houdetot; mais le maréchal Davoust ne voulut pas qu'il se séparât de lui et obtint qu'il fût attaché à sa personne comme aide de camp (12 mai 1813).

Le jeune officier se conduisit valeureusement pendant la campagne de Saxe et la défense de Hambourg.

« Le courage, écrivait le maréchal Davoust, qu'il a déployé le 19 août, en enlevant à la baïonnette, à la tête d'un bataillon, la ville de Lauenbourg, que l'ennemi avait retranchée et qu'il défendait avec des forces très-supérieures; l'intrépidité et l'intelligence qu'il a montrées à Winsen et à Lunebourg, et les mentions honorables que ces actions lui ont méritées dans les ordres du jour, ne m'ont plus permis de différer la récompense à laquelle il était appelé même par son ancienneté, et je l'ai nommé chef d'escadron, pour servir près de moi en qualité d'aide de camp (21 mars 1814). » Et dans un mémoire de proposition pour la Légion d'honneur, on lit : « Cet officier joint à une infatigable activité le zèle et le courage les plus soutenus. Il a plusieurs fois mérité la distinction des braves. »

Rentré en France avec le maréchal Davoust, au mois de mai 1814, le commandant d'Houdetot obtint la décoration de la Légion d'honneur et la confirmation du grade de chef d'escadron.

Aux Cent Jours, il demeura près du prince d'Eckmuhl durant son ministère et son commandement en chef de l'armée de la Loire; puis il rentra dans ses foyers, en même temps que son illustre chef était exilé dans sa terre de Savigny.

Sous la Restauration, le comte d'Houdetot fut successivement placé à l'état-major de la 1re division militaire, à Paris (30 octobre 1816), compris comme chef de bataillon dans l'organisation du corps d'état-major (24 juin 1818). Attaché à l'état-major du 2e corps de réserve de l'armée d'Espagne, sous le maréchal Lauriston (7 juillet 1823), il obtint, à la suite de cette campagne, la croix d'officier de la Légion d'honneur (20 octobre) et le grade de lieutenant colonel (3 novembre).

Le comte d'Houdetot fut nommé aide de camp du duc d'Orléans le 14 octobre 1827. Pendant plus de vingt ans, il est resté attaché à la personne de ce prince, qui, devenu roi des Français, le nomma colonel le 24 septembre 1830, maréchal de camp le 22 novembre 1836, lieutenant général le 28 avril 1842, et lui conféra les décorations de commandeur (16 novembre 1832) et de grand-officier de la Légion d'honneur (29 juillet 1840).

Le général d'Houdetot a occupé temporairement,

durant cette période, diverses positions actives. Comme maréchal de camp, il a commandé une brigade d'infanterie au camp de Compiègne en 1837, et une autre brigade à l'armée d'Algérie en 1840 ; il a même été cité en première ligne, par le maréchal Valée, comme s'étant fait particulièrement remarquer, avec le général Duvivier, dans la campagne inaugurée par la prise de Cherchell, les combats de l'Afroun et de Meskiana, et couronnée par l'occupation de Médéah et de Milianah. Comme lieutenant général, il a commandé une division d'infanterie au corps d'opération de la Marne en 1842 et la division de secours du corps d'opération de la Moselle en 1844, a rempli pendant ces deux années les fonctions d'inspecteur général, et a fait partie du comité consultatif d'état-major depuis 1844 jusqu'en 1848.

La révolution de Février mit fin du même coup à la carrière militaire du général d'Houdetot et au mandat de député qui lui avait été confié, en 1843, par les électeurs de l'arrondissement de Bayeux. Admis à faire valoir ses droits à la retraite, par arrêté du gouvernement provisoire en date du 17 avril 1848, bien qu'il n'eût encore que cinquante-neuf ans d'âge, sa pension fut réglée le 8 juin ; il comptait quarante-cinq ans de service effectif et treize campagnes de guerre sur mer et sur terre.

Le général d'Houdetot avait eu deux frères tués au champ d'honneur. Il était le puîné du comte Frédéric d'Houdetot, le courageux préfet de l'Escaut et du Calvados, qui fut pair de France, représentant du peuple et qui est mort en 1859 député au Corps législatif. M. le vicomte Adolphe d'Houdetot, ancien officier de la garde royale, aujourd'hui receveur des finances au Havre et auteur des *Types militaires français*, du *Chasseur rustique* et de dix autres ouvrages cynégétiques fort estimés et maintes fois réimprimés, survit à ses deux aînés.

H. HENNET.

EXTRAIT

DU JOURNAL DES DÉBATS

(27 Octobre 1866).

Nous annoncions il y a peu de jours la mort du comte d'Houdetot, général de division, ancien aide de camp du roi Louis-Philippe. Mort dans son lit, à soixante-dix-sept ans, le général d'Houdetot avait eu la singulière fortune, étant encore dans l'âge où on étudie à l'école, d'assister à la bataille de Trafalgar et l'honneur d'y être blessé grièvement, sur l'*Algésiras*, auprès de l'amiral Magon, qui y fut tué.

Charles-Ile-de-France, comte d'Houdetot, de l'ancienne famille de ce nom, illustre dans l'histoire de la Normandie, était né le 6 juillet 1789, la grande année! Son père (César-Louis-Marie) commandait à l'Ile de France. Il eut l'idée de donner à son fils, qui venait d'y naître, le nom que l'île elle-même devait bientôt perdre. La colonie fut sa marraine. France d'Houdetot garda le nom; nous venons de voir qu'à peine âgé de seize ans il le portait déjà avec honneur.

Il avait été destiné à la marine. Rentré en France avec sa famille, sous le Consulat, et placé d'abord au Prytanée, il en sortit bientôt pour suivre la carrière de son choix. Par vocation il était marin. Aussi, quand l'*Algésiras*, tombé un moment au pouvoir de l'ennemi, après la mort du vaillant amiral, fut reconquis par son équipage sur les Anglais qui l'avait pris, et qu'il vint s'échouer, vainqueur et mutilé, dans la vase du port de Cadix, France d'Houdetot ne sentait plus sa blessure. Il ne s'en releva pourtant que longtemps après, mais pour entrer dans l'armée de terre, dont l'activité plus entraînante et l'avenir alors plus brillant convenaient mieux à sa vive et impétueuse jeunesse.

D'Houdetot était ce que le général Marbot, dans un livre célèbre, appelle brave *par nature*. « Non-seule-
» ment, écrit Marbot, je suis persuadé qu'il existe

» des *braves de nature*, qui ne fuient pas les dangers,
» lors même qu'aucun intérêt ou aucune passion ne
» les force à les braver ; mais je suis convaincu
» qu'il est des individus qui *recherchent* le péril et
» goûtent, en exposant leur vie, ce charme *indéfinis-*
» *sable* que certains joueurs (qui ne jouent pas par
» avarice) trouvent à exposer journellement leur for-
» tune (1). » D'Houdetot était un de ces joueurs héroïques ; j'entends qu'il jouait sa vie en toute rencontre avec une sorte de joie intrépide, nullement provocant ou vantard quant aux personnes, volontiers railleur envers le danger, et traitant de haut la mort, comme l'humble servante du hasard. C'est ce caractère qu'il a montré pendant toutes les épreuves militaires de sa longue vie. Très-moderne par les opinions et les idées, il avait l'entrain et l'élan des preux de sa race. En remontant aux Croisades, on trouvait un Jean, sire d'Houdetot, qui suivait à Jérusalem, en 1034, Robert-le-Magnifique, duc de Normandie.

---

(1) *Remarques critiques* sur l'ouvrage de M. le lieutenant-général Rogniat, intitulé : *Considérations sur l'art de la guerre*, par le colonel Marbot (Paris, 1820). On sait l'illustre mention qu'obtint plus tard, dans le testament de l'Empereur, l'ouvrage qui avait si vivement réfuté le général Rogniat.

Une longue suite d'aïeux, sénéchaux, maître des arbalétriers, écuyers des rois, lieutenants-généraux avaient maintenu pendant des siècles, de père en fils, le renom de la famille. Le père du général qui vient de mourir avait servi comme volontaire sous le grand Frédéric, et pris part, comme maréchal de camp, aux glorieuses campagnes du bailli de Suffren contre les Anglais. De ses trois frères, plus jeunes que lui, deux avaient été tués devant l'ennemi, l'un sous Lérida, en 1810, l'autre à la bataille de Leipsick. France d'Houdetot joignait à cette bravoure traditionnelle un instinct tout moderne des principes de la grande guerre, un esprit observateur et inventif, des qualités qui s'excluent souvent et qui, en lui, s'accordaient en dépit d'une certaine mobilité apparente. On sait qu'il avait concouru par ses conseils à la formation des chasseurs à pied, dont la création, due à l'initiative du duc d'Orléans, avait introduit comme une arme nouvelle dans notre organisation militaire. Il était spirituel et au fond très-réfléchi, très-préoccupé d'inventions techniques relatives à son métier, et aussi ardent à les réaliser qu'à les concevoir : ce qui n'est pas peu dire.

L'ardeur, en effet, mêlée d'une dose d'imprévoyance presque toujours heureuse, était le fond de sa nature. Entré au service de l'armée de terre en 1809, pour faire les campagnes d'Autriche et d'Allemagne comme lieutenant au 1ᵉʳ régiment de chasseurs à cheval que commandait le colonel Méda, si fameux par le coup de pistolet tiré contre Robespierre; — capitaine adjoint à l'état major de la Grande-Armée, en 1812; aide de camp du prince d'Eckmühl en 1813, il a eu presque partout, en outre de la plus énergique exactitude dans le service, ce que la langue militaire appelle des « actions d'éclat; » le mot est bien français comme la chose. D'Houdetot ne cherchait pas l'éclat et ne visait pas à l'effet. Il était dans sa nature, de donner presque involontairement, aux manifestations de son courage et aux entraînements de son audace, une sorte de relief original et saisissant. Tout le monde a lu, dans le dix-huitième volume de l'*Histoire du Consulat et de l'Empire*, le beau récit de la résistance du maréchal Davoust derrière les remparts de Hambourg. D'Houdetot y servait sous ce chef illustre. Un jour le maréchal eut besoin de faire porter un ordre au commandant d'une division française, qui opérait sur les derrières de l'ennemi. Pour que cet ordre eût son effet, il fallait traverser l'armée assiégeante sur le champ de bataille même où nos troupes étaient engagées. Quoiqu'il ne fût pas trop avare de la vie des hommes, quand le service en exigeait le sacrifice, le maréchal n'osait donner impérativement une telle mission : il n'en exprimait que le désir. D'Houdetot s'offrit. Il partit, escorté de deux ordonnances. Arrivé en vue de l'ennemi, il leur commande de s'arrêter, leur donnant pour consigne de le suivre attentivement des yeux, et, s'ils le voient tomber, de rentrer dans la place pour avertir le maréchal. Cela fait, il s'élance à travers les feux qui se croisent contre lui sur toute la ligne ; aucun ne l'atteint. Quelques minutes après, il arrivait sain et sauf, son ordre en poche, dans les rangs français.

Le général Marbot avait été, en 1809, avant la bataille d'Esling, le héros d'une aventure plus périlleuse encore, mais qui se rapporte en un point à celle-ci. Il s'agissait de traverser, la nuit, à l'insu de l'ennemi, par un temps affreux, le Danube débordé, de faire un prisonnier sur la rive gauche, couverte d'avant-postes autrichiens et de le ramener au quartier général. Marbot en ramena trois. Ce n'est pas ici le lieu de rapporter les incidents de ce prodigieux coup de main que le général se plaisait à raconter lui-même, et très-simplement à ses amis. Ce que je veux faire remarquer, c'est que Napoléon à Moëk, comme Davoust à Hambourg, pouvant donner un ordre, se contenta d'exprimer un désir... C'était bien plus; et aussi l'Empereur, en 1809, et le maréchal, en 1813, furent-ils servis en conséquence.

Une autre fois, c'était en 1840, à l'attaque du col de Mouzaïa, sous le commandement du prince royal; d'Houdetot était depuis quatre ans général ; il avait une brigade admirable, composée du 1er régiment de chasseurs à pied, des zouaves avec Lamoricière, du 23e de ligne avec Gueswiller; le 2e léger était chargé d'attaquer de flanc, sous les ordres de Changarnier. Le général d'Houdetot avait alors pour aide de camp un simple capitaine, Mac-Mahon, le duc de Magenta d'aujourd'hui. Quels noms! Quels hommes! Et comme la France aimait le retentissement de ces beaux faits d'armes qui, sans troubler la paix du monde, achevaient la conquête de sa colonie et exerçaient si utilement la constance de son armée! Le roi Louis-Philippe avait fait placer, au musée de Versailles, des tables de bronze où avaient été inscrits les noms de tous les généraux tués sur le champ de bataille. Au moment de monter à l'assaut du col de

Mouzaïa, sur l'ordre que venait de lui en donner le duc d'Orléans, présent à l'attaque, d'Houdetot, faisant allusion à ces tableaux d'honneur, glorieuses amorces offertes à l'émulation de l'armée : « Monseigneur, s'écria-t-il en donnant le signal à ses soldats impatients, dans un quart d'heure je serai là haut.... ou à Versailles ! » L'homme est là tout entier, avec son entrain chevaleresque, sa bonne humeur héroïque, sa flamme et son esprit.

Le général d'Houdetot était vraiment un homme d'esprit, de l'esprit le plus aimable, le plus original, le plus imprévu. Il aimait le paradoxe partout où le bon sens lui semblait l'ennemi du sens commun : ce qui n'est pas si rare qu'on le croit. Il se plaisait à la controverse, plutôt pour l'innocent succès de sa malice que pour le triomphe de son opinion, qui n'était ni intolérante ni excessive. Il avait de la lecture, de naturelles relations dans les sociétés les plus choisies, des amis dans toutes les écoles littéraires. Je crois même qu'il avait été un instant membre de quelque cénacle romantique. Un de ses frères, le dernier survivant, est un écrivain spirituel et estimé. Un autre, son aîné, était membre de l'Institut, et il lui était arrivé, étant préfet du Calvados, après la seconde Res-

tauration, lui, fils d'un ancien volontaire de Frédéric, d'avoir maille à partir avec les Prussiens qui s'en allaient un peu brutalement en recette dans son département. Ayant voulu leur résister, le préfet fut mis par eux aux arrêts dans son hôtel, et il ne fallut rien moins que l'intervention de Louis XVIII pour le délivrer. Ce frère aîné du général d'Houdetot, membre de l'Académie des Beaux-Arts, mort quelques années avant lui, était doué du goût le plus délicat. Une de ses sœurs avait épousé un de ces hommes qu'une vie entière, remplie d'éminents services et d'œuvres supérieures, met au-dessus de l'éloge, M. de Barante. Madame d'Arbouville était sa nièce. Parmi tant d'esprits remarquables, France d'Houdetot était en famille autant par l'intelligence que par le sang. Il avait d'ailleurs au plus haut degré cet agrément et cette sûreté dans les relations sociales qui distinguaient la célèbre amie de Jean-Jacques Rousseau, la comtesse d'Houdetot, sa grand'mère. « Elle avoit
» l'esprit très-naturel et très-agréable, écrit Rous-
» seau ; la gaieté, l'étourderie et la naïveté s'y ma-
» rioient heureusement ; elle abondoit en saillies
» charmantes qu'elle ne recherchoit point *et qui par-*
» *toient quelquefois malgré elle.* (Ah ! que c'est bien
» lui !) Elle étoit surtout d'une telle sûreté dans le

» commerce, d'une telle fidélité dans la société, que
» ses ennemis même n'avoient pas besoin de se cacher d'elle... (1). » Rousseau, qui a passé sa vie à combattre des ennemis imaginaires, suppose ici que madame d'Houdetot avait des ennemis. Soit! Son petit-fils, je l'affirme, n'en avait pas. Personne n'eût perdu son temps à haïr un tel homme, absolument incapable de mauvais sentiments ou même de ressentiments légitimes. Il avait l'âme fière et l'oubli facile. Il n'aurait pas souffert un outrage; contre les sots ou les envieux, il avait les représailles de l'esprit, la repartie toujours prête, et son intarissable gaieté.

Cette bonne humeur le suivait partout, dans les salons du monde où elle plaisait fort, dans les cercles politiques où elle était comme une arme légère aux mains d'un tirailleur; car d'Houdetot ne s'était pas refusé l'émotion d'une lutte électorale; il était député. Mais c'est encore dans la vraie guerre que cette arme lui avait le plus servi. Et ici je demande la per-

---

(1) *Les Confessions*, liv. IX, seconde partie. (Tome XVIII, p. 295 de l'édit. Dalibon. — (824.)

mission de céder un moment à des souvenirs de lecture qui ne sont pas tout à fait une digression dans un tel sujet. Tout le monde se rappelle ce vingt-neuvième bulletin de la campagne de 1812 dans lequel Napoléon résumait, avec une sévérité si étrange contre les victimes, les malheurs de la retraite : « Ceux que la nature a créés supérieurs à tout, disait-il, *conservèrent leur gaieté et leurs manières ordinaires*, et ne virent dans de nouveaux périls que l'occasion d'une gloire nouvelle. » M. Villemain raconte, à ce propos, qu'ayant cru pouvoir, quelques semaines plus tard, faire allusion « à ce singulier éloge » devant M. de Narbonne, un des plus vieux aides de camp de l'Empereur et qui arrivait de Russie : « Ah! dit-il amèrement, l'Empereur peut tout dire; mais *gaieté* est bien fort! » et il eut peine à cacher ses larmes (1). J'ai lu ailleurs, qu'un matin, pendant la marche des troupes vers la Bérésina, le comte Daru vit entrer chez lui Henri Beyle (l'écrivain Stendhal, si célèbre, et alors attaché à l'intendance). Beyle était habillé avec soin et rasé de près, « Vous avez fait votre barbe, monsieur, lui dit

---

(1) *Voir* ce très-curieux récit, et bien d'autres, dans le tome Ier des *Souvenirs contemporains*, p. 238-239.

son chef, vous êtes un homme de cœur. » Le comte Daru était un bon juge. Mais voici un troisième récit que je trouve dans les *Mémoires* du général Mathieu Dumas, et qui, pour être tout différent, nous mène à une conclusion toute pareille : c'était à Gumbinen, sur le territoire prussien, après la retraite, hors des atteintes de l'ennemi ; le général Dumas déjeunait. « Je vis, écrit-il, entrer un homme vêtu d'une redingote brune ; il portait une longue barbe ; son visage était noirci et semblait brûlé ; ses yeux étaient rouges et brillants... — Enfin me voilà ! dit-il... Eh quoi ! général Dumas, vous ne me reconnaissez pas ? — Non, qui êtes-vous donc ? — *Je suis l'arrière-garde de la Grande-Armée,* le maréchal Ney. J'ai tiré le dernier coup de fusil sur le pont de Kowno ; j'ai jeté dans le Niémen la dernière de nos armes, et je suis venu jusqu'ici à travers les bois. »

Le général Dumas ajoute, avec une émotion qui n'est pas banale sous sa plume : « Je laisse à penser avec quel empressement respectueux nous accueillîmes le héros de la retraite de Russie ! (1) »

---

(1) *Souvenirs du lieutenant général com*te *Mathieu Dumas,* de 1770 à 1836. Tome III, p. 458.

Que conclure de ces souvenirs, rapprochés de la théorie du général Marbot, sinon que le courage militaire prend des formes très-diverses, suivant les caractères et les ciconstances, et que si l'entrain, la gaieté, l'insouciance même sont parmi les signes de la vraie bravoure, la gravité devant les sérieuses épreuves du métier n'en est pas un témoignage moins incontestable. Turenne et Condé, Vauban et Luxembourg, Davoust et Murat, Lannes et Drouot, autant de noms, autant de génies divers avec une source d'inspiration commune : un cœur de soldat. D'Houdetot, avec tout son mérite, était trop modeste pour accepter une place parmi ces noms illustres entre tous; mais il était, militairement parlant, de la même famille, celle des plus braves. Qu'il ait fait sa barbe pendant la retraite de Russie, ou qu'il ne l'ait pas faite, peu importe; on l'avait vu et reconnu à sa brillante valeur aux combats de Mogilow, de Krasnoï, de Mojack. Il était de ceux qui prenaient avec bonne humeur et entrain les mauvaises chances de la guerre, de même qu'à la fortune prospère il ne montrait ni sot dédain, ni fol enthousiasme.

Le roi Louis-Philippe le connaissait bien. Il l'avait pris pour son aide de camp dès 1824. Rentré en

France après la reddition de Hambourg, d'Houdetot n'avait pas tardé à reprendre du service. Il commandait un escadron dans les dragons du Calvados, en 1816; il suivait, quelques années plus tard, le maréréchal Lauriston en Espagne, où le duc d'Angoulême le nommait lieutenant colonel pour sa belle conduite au siége de Pampelune. La révolution de 1830 le trouva dans ce grade et le laissa dans la maison militaire du prince qu'elle avait fait roi. Le roi l'aimait pour les brillantes qualités qui l'avaient fait distinguer dans la profession des armes, et aussi ne manquait-il aucune occasion de leur donner un utile emploi. Il l'avait envoyé à Bone en 1832, quand il fallut reprendre la citadelle dont les Turcs s'étaient emparés. D'autres missions, toujours périlleuses, avaient souvent ramené d'Houdetot en Algérie jusqu'à l'époque où nous venons de le voir, à la tête d'une brigade, devant Mouzaïa. au moment de l'assaut.

Rendu à son service militaire auprès de la personne du roi, France d'Houdetot y retrouvait cette bienveillance qui avait cru l'honorer justement en l'envoyant au feu, mais qui l'attendait au retour. Il faut toujours plaire un peu, même aux meilleurs rois. D'Houdetot plaisait, sans trop y songer, étant le moins

flatteur des hommes, quoiqu'il fût parmi les plus aimables. Quand le roi était au Tréport, c'est d'Houdetot qu'il préposait au commandement inoffensif de sa flottille de plaisance, en souvenir de Trafalgar. Quand la duchesse de Saint-Leu vint à Paris, en 1831, avec son jeune fils, elle raconte elle-même (dans un fragment touchant de ses Mémoires inédits) que ce fut M. d'Houdetot qui eut l'entremise délicate de ses relations avec la famille royale : « ..... Lorsque je fus
» assise seule dans un appartement particulier (au
» Palais-Royal), M. d'Houdetot alla prévenir le roi.
» Le roi fut poli, gracieux même. Il me parla de l'exil
» de notre famille comme lui pesant sur le cœur... Il
» me témoigna ensuite tout le plaisir qu'il aurait à
» m'obliger... L'air de bonté, de distinction, de sim-
» plicité de la reine me plut extrêmement... Je lui
» racontai toutes mes angoisses pous sauver le seul
» fils qui me restait... La reine me comprenait si
» bien, ainsi que sa sœur, et leur intérêt était si affec-
» tueux, que j'aurais pu me croire au milieu de ma
» famille (1). » D'Houdetot avait montré beaucoup

---

(1) *La reine Hortense en Italie, en France et en Angleterre pendant l'année* 1831, pag. 204, 205, 209. (Paris, 1834.)

de circonspection délicate dans cette entremise entre les deux reines. Il n'y avait qu'à le laisser faire, en toute rencontre où c'était la courtoisie qui conseillait la mesure; mais le zèle du service pouvait par instants l'entraîner trop loin. Un jour que le roi, après avoir passé une grande revue des troupes du camp de Compiègne, rentrait au palais, autour duquel s'était rassemblée une foule immense, ses aides de camp s'agitaient en avant de lui, à droite et à gauche, pour écarter ceux qui barraient le passage. Il le fallait bien, après toutes les tentatives régicides dont ce prince avait été l'objet. D'Houdetot, naturellement, était celui de tous qui se remuait le plus. Le roi lui fit de la main un signe amical, et, souriant, lui dit : « Vous oubliez la vieille chanson, mon cher général :

> Ne dérangeons pas le monde,
> Laissons chacun comme il est.... »

Une autre fois, — c'était, je crois, dans une ville de la Normandie; le roi y faisait son entrée à cheval; — il aperçut sur la muraille d'une des premières maisons du faubourg un de ces emblèmes burlesques où sa noble figure était grossièrement travestie : « Tenez, dit-il en se penchant, avec un sourire, à l'oreille de son aide de camp d'Houdetot, nous avons eu beau venir en poste; *elles sont arrivées avant nous....* »

Je m'arrête ici; le général d'Houdetot n'a, je crois, rien écrit. L'écritoire ne l'attirait guère, et il faut le regretter. S'il avait écrit comme il parlait, il aurait pu laisser bien des pages agréables. Quelle histoire que la sienne, qui commence à Trafalgar, traverse quatre ou cinq révolutions, le fait assister à presque toutes les grandes batailles de l'Empire : marin, cavalier, aide de camp, député, général sous le feu de l'ennemi, officier d'un roi près du trône, un de ses fidèles compagnons dans l'exil !

Quelle vie, surtout quand on songe à ce que cette vive et expansive nature y a mis de sentiment, d'entrain, d'originalité, de passions généreuses, ce que le sort y a mêlé d'aventures ! Et rien après, rien de sa main, pour perpétuer son souvenir ailleurs que dans quelques âmes affectueuses ! Ce n'est pas une telle lacune que j'ai voulu combler. Ce n'est pas non plus un portrait que j'ai voulu peindre, mais une simple esquisse, où ceux qui l'ont le plus connu puissent le reconnaître, où ceux qui ne l'ont jamais vu ou approché puissent l'aimer.

Cœur tendre, âme délicate, dévouée sans intérêt, fidèle sans emphase, résignée sans effort, traitant la mauvaise fortune comme une perfide qui ne vaut pas un regret.

Tu peux me faire perdre, ô fortune ennemie!...

Mais, en bon joueur qu'il était, dans cette hasardeuse partie de la vie humaine, d'Houdetot n'a jamais cédé, au dépit égoïste des mauvaises chances, une seule minute de sa bonne humeur. Et quand la mort est venue, — non pas, hélas! celle qui donne une place à Versailles aux noms des généraux tués devant l'ennemi, mais la lente mort que le vieillard voit approcher et dont il peut d'avance marquer l'heure, — quand cette pâle créancière est venue, réclamant sa dette (1), c'est encore le sourire sur les lèvres que France d'Houdetot l'a reçue, comme elle fût arrivée

---

(1) ..... *Debemur morti, nos nostraque!*

au milieu d'une brillante escorte de cavaliers et dans l'onivrant éclair d'une bataille. Il lui a souri, si laide qu'elle fût. Il a été doux pour elle, si douce que lui fût encore la vie parmi tant d'affections intimes, de vieilles amitiés, de saintes camaraderies, de considération publique!

Il souffrait depuis plus d'un an d'une grave maladie qui lui rendait à peu près impossible toute alimentation substantielle. Il avait conservé pourtant son activité. On l'avait vu, il y a quelques mois à peine, empressé et attendri, aux obsèques de la sainte reine Marie-Amélie à Weybridge; et, la veille de sa mort encore, il s'était promené dans le parc de Carlepont, où il était venu passer quelques jours chez la baronne de Villars, sa nièce.

Malgré tout, il se mourait, ou plutôt il arrivait, presque sans souffrance, à ce que Fontenelle appelait « une impossibilité de vivre. » L'estomac avait fini par se refuser à tout service. Aussi, quand le moment fut venu de fermer les yeux : « C'est égal! dit-il en riant à sa nièce, si on m'eût jamais dit que je mourrais de faim chez vous, je ne l'aurais pas cru.... » C'était s'en tirer gaiement avec la mort.

Mais la scène toute religieuse qui avait, peu d'instants auparavant, réuni autour du mourant sa famille et ses serviteurs, prouvait de reste que cette bonne humeur souriante avait pu s'allier, dans « une âme guerrière » (c'est le mot de Bossuet), aux pensées les plus sérieuses et aux plus mâles espérances.

CUVILLIER-FLEURY

www.ingramcontent.com/pod-product-compliance
Lightning Source LLC
Chambersburg PA
CBHW060605050426
42451CB00011B/2090